4

Jahreszeiten

Herausgegeben von **Jakob Welik**

und **Barbara Ohl**

© 2018 Jakob Welik
Erste Auflage
Umschlaggestaltung: Jakob Welik
Illustration: Susanne Stepbach ‚Rosegarden'
www.kunstnet.de/SusanneStepbach
Buch Illustrationen: Holger Hertwig, Claudia Willmes, Walter Zeis
Gedichte *von* Alexis Poesie, Barbara Ohl, Christoph Walter, Claudia Döhler, Claudia Willmes, Doris Fiutak, Gaby Michels, G. Geng, Greta Hennen, Helga Götze, Horst Römele, Laura Bauer, Nadine Bielefeld, Nico Soso, Renate Wollschläger, Sascha - Nikolai Paschedag, Sascha Mäder, Torlaf Aksnes, Vicky Menzel, Wolfgang Mach
Herausgeber: Jakob Welik, Bremen
Herausgeberin: Barbara Ohl, Kaiserslautern
Herstellung und Verlag: BoD - Books on Demand, Norderstedt

ISBN Taschenbuch: 9783746096605

Bibliografische Information der Deutschen Nationalbibliothek:
Die Deutsche Nationalbibliothek verzeichnet diese Publikation in der Deutschen Nationalbibliografie; detaillierte bibliografische Daten sind im Internet über http://dnb.d-nb.de abrufbar.

Vorwort

In dieser Anthologie finden Sie Gedichte, bunt wie die Jahreszeiten. Sie malen Bilder mit Worten. Die Gedichte sind wie ein Tanz, sind wie gute Musik oder ein Gemälde. Worte bewegen, fließen und schwingen. Gedichte lassen uns im sanften Wind wiegen oder dem Sturm trotzen. Die Kälte im Winter wird fühlbar, genau wie die Hitze im Sommer. Wir atmen den Duft im Frühling und werden im Herbstregen nass. Sie können Sehnsüchte entfachen oder uns eine Träne entlocken.

Gehen Sie auf Entdeckungsreise durch die vier Jahreszeiten, durch eine große Vielfalt von Gedichten verschiedener Autoren.
Gedichte schenken uns Freude, die wir auch weiter verschenken können, um die Welt ein wenig freundlicher zu machen. Und in diesem Zusammenhang ein besonderes Dankeschön dem Autor und Herausgeber Jakob Welik, der sich ganz selbstlos für Nachwuchsautoren, dieses Projekt und eine freundlichere Welt einsetzt. Allen mitwirkenden Autoren und Künstler ein herzliches Dankeschön, ohne die ein solches Projekt nicht zu realisieren gewesen wäre.

Viel Vergnügen beim Lesen!

Jakob Welik & Barbara Ohl
Bremen & Kaiserslautern, 2018

Frühling

Claudia Willmes

Verborgen

Wohl geschützt und winzig klein
weilt zarter Spross noch unterm Eise.
Doch seine Zeit, sie ist ganz nah,
so flüstert's in ihm leise:
in mir ruht die nöt'ge Kraft
emporzustreben, mit aller Macht
und täuscht auch mein Antlitz, so unscheinbar,
der Keim, im Verborg'nen, die Königin gebar.

Martin Nirschl

Guten Morgen, du bist da,
geliebter Frühling, wunderbar!
Schön, wie die Natur erwacht,
Vögel zwitschern, die Sonne lacht.

Du bist die liebste Jahreszeit,
Glücksgefühle machen sich nun breit!
Und dieser wunderbare Frühlingsduft,
liegt wochenlang in dieser Luft!

11

Alexis Poesie

Euphorische Morgenrotlieder feiern
die Schöpfung aus Erdenmutters Tiefen
Vollkommenheit, Sehnsucht gestilltes Paradies
wachsend, erblühend in himmlischen Küssen
süß duftend, bunt tanzende Feuerwerke
Liebeslichter im Atem der Zeit
den Frühlingswind krönend
der Wunder in die Seele weht

Barbara Ohl

Frühlingsgefühle

Kälte langsam weicht
Himmel blau und leicht
Gedanken träumen bunte Farben
heilen Winters dunkle Narben
Liebe schwirrt durch Lüfte
bringt Frühlingsdüfte

Christoph Walter

Frühjahr

Natur erwacht aus ihrem Winterschlaf,
Vögel zwitschern schon am morgen.
Die frischen Knospen springen auf,
der Lenz vertreibt die Sorgen.

Die Tage werden langsam länger,
Tau glitzert in der Sonne.
Die Wiesen übersät von Blumen,
die Herzen voll von Wonne.

Claudia Döhler

Der Frühling kommt

Meine Jacke ist zu warm
und mein Gang ziemlich lahm
befreie mich von dem Jacket
und von lässt´gem Winterspeck
tänzel leichter durch den Park
wie ich diesen Frühling mag
Leichter wird auch mein Gemüt
genieß – wie die Natur erblüht

Doris Fiutak

Zarter Sonnenkuss wärmt Seelen auf,
frisches Grün die Hoffnung.
Zitronenfalter flatternd leis
weckt sanft unser Begehren.
Bienensummen auf bunten Blumenwiesen
schenkt Fantasien, Wünschen neuen Raum
für Ungelebtes in uns'rem Lebenstraum.

Gaby Michels

Erstes Grün legt mir sein Zart
sanft ans Herz
schmückt meine Seele
ein königliches Empfinden
begleitet mich, zwitschernde Vögel
in tiefer Verbeugung begrüße ich
den anbrechenden Tag

G.Geng (Vergissmeinnicht)

Endlich Frühling...

Hallo Frühling:" Herzlich Willkommen",
ich habe deinen Duft wahrgenommen.
Endlich wieder Sonne und Licht,
ich habe dich so sehr vermisst.
Osterglocken blühen in meinem Garten,
und die Primel wollte nicht länger warten.
Auch ein Schmetterling hat dich wahrgenommen,
und sagt: Hallo Frühling:" Herzlich Willkommen".

Greta Hennen

Die Sonne hat mich angelacht
Sie meint es wieder gut
Versuch den Flügelschlag, ganz sacht
im Auftrieb neuer Mut

Zu Tanz und Leichtigkeit bereit
ist Mensch und Tier und Grün
Die Welt trägt wieder Frühlingskleid
und bunt die Blumen blüh'n

Helga Götze

Wie wahr, wie wahr,
der Frühling ist da.
Die Natur ist erwacht,
es blüht in voller Pracht.
Der Wind weht lau,
es grünt die Au.
Munter zwitschern die Vögelein,
Frühling kehre bei uns ein.

Horst Römele

FRÜHLING...

Die Natur, sie wacht jetzt auf,
der Tag wird länger, nimmt seinen Lauf.
Die ersten Vögel hört man singen,
das kann doch nur nach Frühling klingen.
Auch scheint die Sonne länger, jetzt,
in's neue Jahr ist man versetzt.

17

Jakob Welik

Die ersten Schritte
wider Willen
Fordernd, fuchteln
meine Sinne
Draußen scheint
und blüht der Morgen
Das Café lädt ein
zum Kommen

Laura Bauer

Neuanfang in jedem Eck,
Blumenduft erfüllt die Luft,
die Tierwelt kriecht aus ihrem Versteck
gelockt durch jenen betörenden Duft.

Farbe verdrängt das matte Grau.
Beginn der schönsten Zeit im Jahr.
Der Himmel gefärbt in helles Blau,
oh Frühling, du bist da.

Nadine Bielefeld

Sie reckt sich
Und streckt sich

Sie kämpft sich hoch hinauf
Richtet ihr zartes Köpfchen auf

Kraftvoll und doch leis
Bricht sie durch das Eis

Sie ist von edlem Gemüte
Des Frühlings erste Blüte!

Nico Soso

Neubeginn vom Öko Kreislauf
Blüten zuhauf
lebendige Tierwelt
unter strahlend
blauem Himmelszelt
Zeit für einen Flirt
Liebesgeflüster, hört!

Renate Wollschläger

Augen zu
Tief atmen
Blumige Gerüche
Kitzeln in der Nase
Feine Geräusche
Zarter Flügelschlag
Lächeln
Du bist da
Du Frühlingsbote
Schmetterling

Sascha – Nikolai Paschedag

Vieles, was besonders ist,
In dieser Zeit,
In der, Neues entsteht
Und Altes geht.
Doch ein letztes bisschen Schnee
Hängt in deinem braunen Haar
Wie ein Schatten der Vergangenheit
Der nicht gehen mag.

21

Sascha Mäder

Der Frühling hat mich wach geküsst
an einem sonnigen Morgen.
Neu erwachendes Leben hab ich vermisst,
fühl' mich seit dem geborgen.
Auch Stille muss einmal enden,
das Leben laut singen.
Kleine Blumen werden Liebe senden,
und Klee ein kleines Glück mir bringen.

Torlaf Aksnes

Wenn Frost
in Rot geäderten Augen brennt
und kalter Wind
am Körper beißt,
Kriecht der Winter,
in die Glieder.

Vicky Menzel

Liebe im Frühling

Ist das ein Scherz?
Schon März?
Warum bist du so still?
Es ist bereits April?
Tanzen wir gemeinsam im Mai?
Höre nicht auf blöde Rederei!
Es ist eben Liebe!

Wolfgang Mach

April

Inmitten Wolkenfetzen
flüstert Licht durch Nebelwörter

Knospen erwachen
auf Pfaden der Stille
in der Luft schwebt Frühling

Blüten öffnen sich
nicht zu übersehen
es ist April

Sommer

Claudia Willmes

Ich träume vom Sommer

Ich träume vom Sommer
Von Kornblumenwiesen
Von kichernden Möwen
In Meeresbrisen
Von Luftschlössern bauen
Und Sternschnuppen fangen

Ich träume vom Sommer
Denn du bist mit ihm gegangen

Martin Nirschl

Vier Uhr dreißig, Sommermorgen,
zwanzig Grad und keine Sorgen.
Ein neuer Sommertag erwacht,
schön, wie meine Seele lacht.

Warme, heiße Sommertage,
sind für mich außer Frage,
mit das Allerschönste im Leben,
jeden Tag sollt's Sommer geben!

Alexis Poesie

Die goldenen Flügel der Sonne
tragen Lachen, tanzende Schatten
streicheln Erdenmutters Farbenkleid, fliegen
mit Schmetterlingen, Blumen des Himmels
Herzen zerspringen in millionen Glücksfunken
Liebeslichter im Atem der Zeit
den Sommerwind krönend
der Lebendigkeit in die Seele weht

Barbara Ohl

Sommertraum

Ein Sonnenstrahl aus Gold
huscht übers Gesicht, so hold
erhellt den düstren Seelenraum
schenkt ihr einen Liebestraum
küsst sie auf die Nasenspitze
in Sommers flirrender Hitze

28

Christoph Walter

Die Sonne heizt die Erde,
die Seen schenken kühles Nass.
Rosen erblühen in vollem Glanze,
auf den Sommer ist verlass.

Gewitter dröhnen durch die Täler,
Hagel bringt oft große Not.
Rehe äßen auf der Lichtung,
am Horizont glüht Abendrot.

Claudia Döhler

Sommernacht

Laue Luft macht romantisch
das Empfinden ist gigantisch
Alles wirkt viel intensiver
Sommer stärkt das Liebesfieber
Kerzenschein und roter Wein
laden uns zum Küssen ein
Sommernacht – Erinnerung
fühle mich gleich wieder jung

Doris Fiutak

Sommerhitze schießt in beide Lenden.
Prallgefüllte Blüten feuern Sinne an.
Mildwarmer Abendwind flüstert Liebesgesäusel.
Getreidefelder winken dankend
der Zeugungskraft.
Wunschernten gebären schon
den fruchtig neuen Lebenssaft.

Gaby Michels

Es war der Duft
von blühendem Lavendel
der mich umarmte
tröstete
als ich mich
so sehr verzehrte nach Dir

G.Geng (Vergissmeinnicht)

Ich frage den Sommer ganz bescheiden,
warum lässt du uns so leiden?
Mal schenkst du uns Sonne mit starker Hitze,
kurz darauf folgen Donner und Blitze,
Früher war der Wetter wunderschön,
da waren die Temperaturen angenehm,
täglich konnte man ins Freibad gehen,
so einen Sommer würden wir gern Wiedersehen.

Greta Hennen

Heiße Tage, leicht bekleidet
Sonnenbräune, Himbeereis
Wie man sich am Anblick weidet
Hitze gibt nun manches Preis.

Sommerfreude, Wetterstöhnen
Jeder sucht erfrischend Nass
Sich im Swimmingpool verwöhnen
Kühler Drink dazu macht Spaß

Helga Götze

Es ist heiß und schwül,
ich den Sommer fühl.
Kinder spielen am Strand,
ich spüre den warmen Sand.
Blitz, Donner und Regen,
nass ist es auf Wegen.
Blumen, Gemüse, Früchte fein,
bringt uns der Sommer ein.

Horst Römele

Ein blauer Himmel und Sonnenschein,
ein Zeichen, es kann nur Sommer sein.
Das Freibad öffnet jetzt seine Pforten,
gibt's 'kühles Nass' an allen Orten.
Die Hitze ist manchmal unerträglich,
man soll die Sonne meiden, wenn möglich.

Jakob Welik

Ein alter Mann
entdeckt den Ring
Das Pärchen läuft
gen Sommertage
Die Frau sie schimpft
und legt sich nieder
die Füße warmes
Wasser tragend

Laura Bauer

Du warme lange Sommernacht
mit Gesprächen, Musik und Wein,
hast du jeden Mensch schon glücklich gemacht,
verloren im Jetzt und im Sein.

Die Sterne funkeln nachts um Vier
am Firmament unter deiner Macht,
ich fühl mich wohl und danke dir,
du warme lange Sommernacht.

Nadine Bielefeld

Alle warten stets darauf
Nehmen manche Pein in Kauf
Sich zu martern und zu quälen
Um den Körper ganz zu stählen
Im Sommer wird darauf gebaut
Sonngebräunt - trainierte Haut
Doch am Ende der Tortur
Fehlt vom Sommer jede Spur...

Nico Soso

Wann wird's Sommer?
Sonne gegen Kummer
die bunte Blumenwelt
die dauernde Wohlfühlzelt
für Mensch und Tier
glückliche Zeiten sind hier
sommerliches Sonnenland
immer so'n farbenfrohes Land

Renate Wollschläger

Kleidchen übergestreift
Füße in Flip Flop's
Handtuch geschnappt
Über die Düne gerannt
Da ist es
Das Meer
Ich fühle mich *soooo* frei
Hier ist alles Andere einerlei

Sascha – Nikolai Paschedag

Die gleißende Sonne
verbrennt meine weiße Haut.
Drum sitze ich im Schatten
nippe am Bourbon
um die Einsamkeit,
die ich in mir trag,
zu vertreiben
für einen Augenblick.

37

Sascha Mäder

Kleine Lichter zeigen mir Wege,
der Wald liegt in warmer Stille.
Der Sommer zeigt vielfältiges Leben,
etwas entfernt spricht eine Grille.
In kleinen Wesen sehe ich Glück,
Leben wird gegeben und genommen.
Jeder Weg führt zu mir zurück,
fühle, ich bin angekommen.

Torlaf Aksnes

Knospen gehen auf,
der Frühling fließt,
des Lebens Lauf.
Auch wenn trotzdem Kälte gießt:
Kommen Blüten zuhauf.

Vicky Menzel

Einfach Sommer

Sanft küssen Sonne und Wind
mein Gesicht.
Fühle mich wie ein Kind.
Kein Abend in Sicht.
Laufe geschwind
und höre, wie es spricht:
Das Leben ist schön!

Wolfgang Mach

Klatschmohn

Hingetupfte Glücksflecken
in leuchtendem Rot
ankern am Rande des Kornfelds
verzaubern fruchtig grüne Wellen

Mohnblumen schaukeln im Wind
tanzten mit den Ähren
pflücken zauderndes Licht
im zugewehten Sommerfieber

Herbst

Claudia Willmes

Herbstlaunen

Es spiegelt sich der Herbst im nassen Asphalt,
mürrisch blinzelt er durch's wogende Geäst.
Niemand knipst das Licht ihm an,
lüftet sein graues Gewand.
Doch wirbelt er, in freudiger Erwartung,
das bunte Laub noch einmal auf,
denn eines ist ihm wohl gewiss,
morgen weckt ihn sanft der Sonne Kuss.

Martin Nirschl

Kürzer werden nun die Tage,
in dieser tollen Jahreszeit.
Runter fahren … keine Frage,
deine Seele ist dafür bereit.

Deine melancholisch, schönen Nebelschwaden,
dein prächtig bunter Blätterwald;
lasse mich von dir einladen,
Herbst, bist überhaupt nicht kalt!

Alexis Poesie

Erdenmutters Feuerpracht wärmt das Herz
ihr Flammenblut in Sinfonien ergossen
verklingen, entschweben im zauberischen Nebel
Lebendigkeit küsst LebEndigkeit küsst Melancholie
Sterne fallen aus goldenen Kronen
Liebeslichter im Atem der Zeit
den Herbstwind krönend
der Vergänglichkeit in die Seele weht

Barbara Ohl

Herbstwind

Wie weich das Sonnenlicht
sich in Herbstnebel bricht
mein Herz ein Wirbelwind
spielt wie ein Kind
wird davon geweht
nichts besteht, alles vergeht

Christoph Walter

Nebel legt sich übers Land,
Raureif bedeckt die Wiesen.
Hirsche röhren in der Brunft,
Pilze aus dem Boden sprießen.

Gräber werden reich geschmückt,
am Wegesrand Kürbisse liegen.
Drachen die am Himmel kreuzen,
Bäume sich im Herbstwind wiegen.

Claudia Döhler

Herbstlaub

Irgendwie schön
durch Blätter zu geh´n
Schlendere dahin
ohne Sinn
Herbstliche Stimmung
bringt mir Besinnung

Doris Fiutak

Leuchtendbuntes Blätterwerk
versüßt unweigerliches Sterben.
Wütender Sturm lässt alles
nach seiner Pfeife tanzen
und knarren das Gebälk.
Einiges an Wünschen unweigerlich zerschellt,
weil oft sie viel zu weit
ganz hinten wurden angestellt.

Gaby Michels

Dem Säuseln trockener Blätter lauschen
tanzen nach dem Lied des Sturmes
im feuerfarbenen Flatterkleid
um den Hals eine Kette aus Kastanien
im Herzen ein Blätterbett
Dir schenk ich mein Bucheckerlächeln
meine Augen sind braungrüne Eicheln

46

47

G.Geng (Vergissmeinnicht)

Der Herbst ist da in seiner ganzen Pracht,
ich habe gute Laune weil die Sonne lacht,
und alle Bäume tragen ein buntes Kleid,
nun ist sie da, die dritte Jahreszeit.
Am Himmel sehe ich einen Drachen fliegen,
der Wind hat ihn nach oben getrieben,
darum lasst uns die bunte Natur genießen,
wenn im Frühling die Knospen wieder sprießen.

Greta Hennen

Das Jahr setzt sich zum Abendbrot.
Blätter treiben es nun bunt,
Nebel wallen, Sicht tut Not,
Gassi geh'n, trotz Sturm mit Hund.

Kinderfreuden, Drachen fliegen,
Pfützen hüpfen, Regenspaß.
Triste Laune kann besiegen
Zwiebelkuchen, Wein vom Fass.

Helga Götze

Der Herbstwind weht,
wie die Zeit vergeht.
Die Nacht wird kühl,
es ist nicht schwül.
Bunt schaut alles aus
Blumen sind im Haus.
Vöglein ziehen fort
an einen warmen Ort.

Horst Römele

Der Bäume Blätter jetzt werden bunter,
lassen den Waldboden gehen, unter.
Das Laub nimmt einem oft die Sicht,
ein Wald, kein Laub, das gibt es nicht.
Auch auf den Straßen, sind wir mal ehrlich,
wird jetzt das Fahren sehr gefährlich.

Jakob Welik

Die Bahn ist fort
die Liebe auch
Wir sahen uns
am stillen See
Schon fielen Blätter
jüngster Tage
wir sehen uns
nicht mehr

Laura Bauer

Bunte Blätter fallen leise,
der Wind sie in die Höhe trägt,
bevor die Farbenpracht auf sanfte Weise
sich wieder auf den Boden legt.

Sodann ist jeder Baume kahl,
der Wind nun durch die Äste pfeift,
und auf der Suche ein letztes Mal
ein verlassenes Blatt zu Boden treibt.

Nadine Bielefeld

Die Sonne ganz erschrocken sieht
Wie ein großer Sturm aufzieht
Er hat den Regen aufgeweckt
Und alle Wolken aufgeschreckt
Die Bäume werden durchgerüttelt
Und alle Blätter abgeschüttelt
Die Sonne sich sodann besinnt
Dass heut' der Herbst beginnt.

Nico Soso

Laub färbt sich bunt
und es fällt herab
Regen tut den Gezeitenwechsel kund
Temperaturen fallen wie Stimmungen ab
der Himmel wird grau
wen freut diese Zeit ?
denn es ist Herbst, genau
die Einleitung der dunklen Jahreszeit

Renate Wollschläger

Herbstblatt

Herbstzeit

Die Welt ist in warme Farben getaucht
Das grüne satte ist nun verbraucht
Die Welt legt sich zum Ruhen nieder
Wie der Vogel, wechselt sein Gefieder

Sascha – Nikolai Paschedag

Die Tage werden kürzer
Und alles fühlt sich
Nach sterben an.
Laub verwelkt
Und wird getrieben,
von Stürmen,
durch Raum und Zeit.
Wie ich ohne dich.

53

Sascha Mäder

Der Baum wird sein Kleid verlieren,
der Himmel ist grau und behangen.
Regen wird die Umgebung zieren,
Blumen und Blüten sind vergangen.
Im Herzen bleibt ein Regenbogen,
Licht gespeichert in dunkler Nacht.
Mein Gemüt ausgeglichen, ausgewogen,
voll mit Sonne aufgewacht.

Torlaf Aksnes

Die Sonne scheint,
unerbittlich,
an Orten,
wo nie der Himmel weint,
Leben ewigem Sand wich,
Wie man falsch vermeint.
Natur lässt ihren Weg heraus,
nicht in Stich.

Vicky Menzel

Ein Herbstsonntag

Bunter Papierdrachen in der Luft
"Papa!" der Junge aufgeregt ruft.
Die kleine Kinderhand
hält dem Wind nicht stand.
Der Drache schaut und lacht.
Der Vater hat mitgemacht.

Wolfgang Mach

Hinterm Bach

Im taubengrauen Abend
flüstern silberne Birken
zum sterbenden Oktober

Weiden trauern um längst
verlorene Palmkätzchen
auf trunkenem Brachland

herbstzeitlose Erinnerung
hinter dem Bach

Winter

Claudia Willmes

Winterherz

Ich stehe an deinem kargen Ufer,
schaue dein Antlitz, so eiskristallklar,
bis hinunter in dein winterkalt' Herz.
Schneeflocken bilden eine zartweiße Haut,
verbergen darunter dein frostig' Innern.
Mein warmer Atem bringt dich nicht
zum Schmelzen, wende mich ab,
stapfe davon durch die winterlich' weiße Stille.

Martin Nirschl

Ein weiß-blaues Gedicht,
mehr brauche ich nicht.
Im Winter,... kaltes Land,
wahre Schönheit im weißen Gewand!

Ohne Winter würde was fehlen,
kein Schneemann, kein Flocken zählen.
Viele Kinder wären traurig,
Winterland, so schön, so schaurig...!

Alexis Poesie

Geborgen unter Erdenmutters Schneezauberdecke
umranken Eisblumen   träumende, selige Herzen
Himmeltränen erblühen, schweben märchenwispernd
in der Februarsonne, weiß funkelnde Sterne
schön und zerbrechlich wie Schmetterlingsflügel
Liebeslichter im Atem der Zeit
den Winterwind krönend
der Geheimnis in die Seele weht

Barbara Ohl

Winterland

Gefangen hinter Zapfen aus Eis
schließt sich der   Gezeitenkreis
atmet kalt in dunkle Nacht
von einem hellen Stern bewacht
zarte Flocken leis berühren
uns in eine andre Welt entführen

60

Christoph Walter

Weiß sind Felder und Auen,
die Luft ist kalt und frisch.
Die Häuser sind fein dekoriert,
Plätzchen stehen auf dem Tisch.

Die Stille durchtrennt Kinderlachen,
der Schnee erstrahlt im Sonnenschein.
Glühweinduft liegt in der Luft,
so schön kann Winter sein.

Claudia Döhler

Winter in der Stadt
wie habe ich ihn satt
Vieles ist grau
auch Mann und Frau
Hundekacke auf den Wegen
lauf Zickzack, um nicht reinzutreten
Möchte in den Süden flieh´n
wann werd´ ich endlich weiterzieh´n

Doris Fiutak

Kälte lässt manche Seel' erschaudern.
Schneeschichten decken Gräber zu.
Behütet unter frost'ger Erde
liegt alles verborgen ruhend.
Wünsche vom Tode nun ereilt
und für die Neugeburt bereit.

Gaby Michels

Meine große Mutter trug
wintertags ein Kleid
aus glitzerndem Schnee
das hielt sie warm
heut' trägt sie Durchsichtig
friert in des Winters Wärme
fühlst Du es auch?

G.Geng (Vergissmeinnicht)

Die Nacht war kalt und Sternenklar,
der Winter ist nun endlich da.
Schneeflocken die durch die Lüfte treiben,
und Eisblumen an den Fensterscheiben.
Wie ein Diamant glitzerte der Schnee,
und zugefroren ist der See.
Märchenhaft ist unsere Welt,
wenn Schnee auf ihr herniederfällt.

Greta Hennen

Das Jahr neigt sich dem Ende zu
Die Vögel plustern sich nun auf
und die Natur legt sich zur Ruh
Ergibt sich ihrem Lebenslauf

Nach Schlittenfahrt die Schneeballschlacht
Kamin so wohlig, Lichterglanz
und Kerzenflackern fordert sacht
nun Schattenbilder auf zum Tanz.

Helga Götze

Eis und Schnee,
es ist sehr kalt.
Weiße Tannen,
stehn im Wald.
Schlitten fahren Kinder,
wenn es ist Winter.
Schlittschuh laufen auf dem See,
lieber Winter, du bist schön.

Horst Römele

Kälte macht sich jetzt nun breit,
ein Zeichen, daß es jetzt bald schneit.
Wenn es schneit, dann manchmal so,
Schneeräumdienste sind gar nicht froh.
Weihnachten vorbei, Silvester kommt,
schon wieder ist ein Jahr um, prompt.

Jakob Welik

Mir friert der Kummer
verliert sich Zeit
in einem Becher
voll Freundlichkeit
Ich seh' den Schnee
verspielte Kinder
und hinter mir
beginnt der Winter

Laura Bauer

Die Seen glitzernd und gefroren,
die Felder und Wälder bedeckt mit Schnee.
So warme Herzen, so kalte Ohren
und Schlittschuhläufer auf dem See.

Die kahlen Äste ummantelt in Weiß,
Rauch, der aus Kaminen treibt,
Vögel in den Süden verreist,
der Mensch auch gern zu Hause bleibt.

Nadine Bielefeld

Aus Kälte gemacht
In eisklarer Nacht
Er zahlte den Preis
Sein Herz ganz aus Eis
Erstarrt und gefroren
In der Kälte geboren
Vom Kopf bis zum Zeh:
Der Mann aus Schnee.

Nico Soso

Schnee fliegt durch den Wind
der Liebende nach Weihnachten sinnt
an dem er Erfüllung gewinnt
weißer Heiligabend freut jedes Kind
die Jahreszeit der Kuschelbedürftigen

Renate Wollschläger

Eisblumen

Filigran
Einzigartig
Wunderschön
Vom Atem vertrieben
Doch sie waren zu sehen

Sascha – Nikolai Paschedag

Schnee bedeckt
Den vereisten See
Neben meinem Haus.
Wo kann man
Seinen Kummer ertränken
Wenn nicht dort,
wenn nicht jetzt?

Sascha Mäder

Es ist kalt, die Luft so klar,
weißes Land, Lichter überall.
Schnee fällt, Wünsche werden wahr.
Beobachte des Sternes Fall,
Demut, Besinnlichkeit sind mir so nah.
Genieße diese kurze Zeit
mit Gedanken an vergangene Stunden.
Bin für Träume nun bereit,
hab Behaglichkeit gefunden.

Torlaf Aksnes

Bäume ziehen letzte Kraft,
aus ihren Blättern.
Langsamer fließt ihr Saft.
Nun kann es wettern.
Es gibt etwas,
was nur die Konifere schafft:
bleiben, ohne Verlust von Lettern.

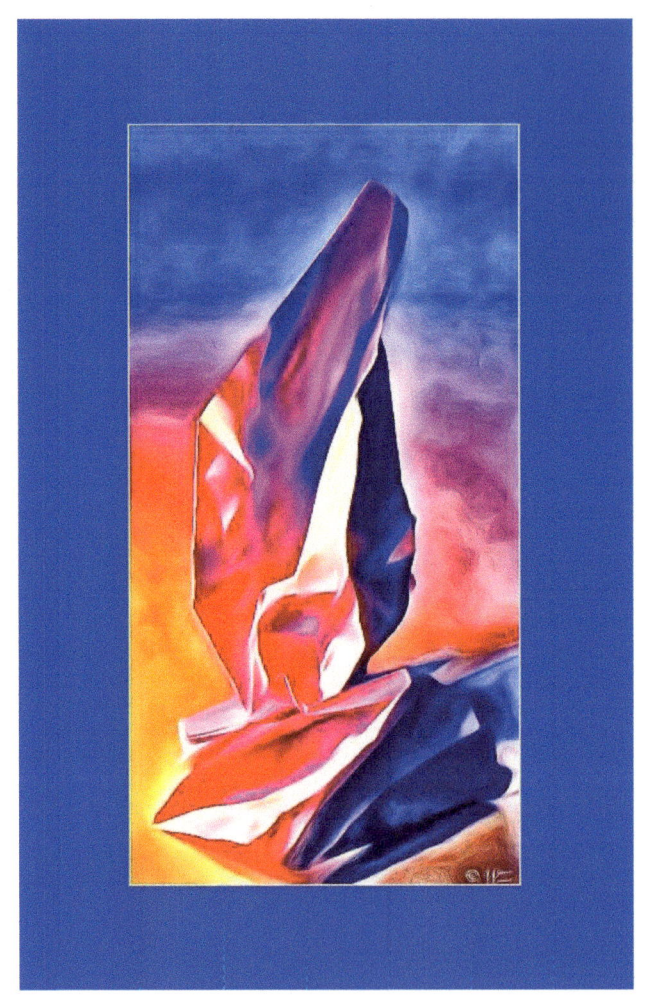

70

Vicky Menzel

Dunkel und kalt
schweigt der Wald.
Fröhliches Kindergeschrei ist   verstummt.
Zurück bleibt die Einsamkeit, vermummt.
Aber Erwachsene auf einem Schlitten
lassen sich auch nicht bitten.
Fahren lachend den Hang hinunter.

Wolfgang Mach

Raureif

Licht durchwobenes
schimmerndes Weiß
auf Ast und Zweig gepudert

gefrorene Gedanken wandern
im schwachen Schein
zum Himmel der Wintersonne

lausche in der Stille
Raureif

Verzeichnis:

Alexis Poesie // Künstlerseite Alexis Poesie auf Facebook
Barbara Ohl // www.barbaraohl.com
Claudia Döhler // www.claudiadoehler.de
Holger Hertwig // auf Facebook: "Holger Hertwig - der letzte Expressionist"
Jakob Welik // www.ciaomiosole.de
Renate Wollschläger // auf Facebook Renate Engel
Susanne Stepbach // www.kunstnet.de/SusanneStepbach
Walter Zeis // www.walter-zeis.de